논두렁 올림픽

논두렁 올림픽

2025년 8월 10일 초판 1쇄 인쇄 발행

지 은 이 | 윤경선
펴 낸 이 | 박종래
펴 낸 곳 | 도서출판 명성서림

등록번호 | 301-2014-013
주   소 | 04625 서울시 중구 필동로 6 (2, 3층)
대표전화 | 02)2277-2800
팩   스 | 02)2277-8945
이 메 일 | msprint8944@naver.com

값 10,000원
ISBN 979-11-7439-018-9

이 책은 경남문화예술진흥원의 문화예술지원금을 보조받아 발간되었습니다.

※ 본 책의 구성 및 맞춤법, 띄어쓰기는 작가의 의도에 따랐습니다.
※ 이 책의 저작권은 저자와 도서출판 명성서림에 있습니다.
※ 이 책 내용의 일부 또는 전부를 재사용하려면 반드시
    저자와 도서출판 명성서림의 동의를 얻어야 합니다.
※ 무단 전재 및 복제를 금합니다.
※ 파본은 바꾸어 드립니다.

논두렁 올림픽

윤경선 시집

도서
출판 명성서림

시인의 말

첫 시집을 냅니다.
가슴 벅차기도 하고 부끄럽기도 합니다.
바쁜 일상에서 틈틈이 시를 읽고 쓰고 하는 것은
내 삶의 원동력이자 보약 같은 시간이었고 저를 가꾸고
다듬는 소중한 일이었습니다.
들길 오가며 들꽃과 잡초에게도 말을 걸어 보고
새순이 땅을 밀고 올라오는 모습에 감동하며
글을 썼습니다.
정성껏 가꾼 농산물이 필요한 사람에게 자양분이 되듯
흙손으로 쓴 시들도 세상 밖으로 나가서 누군가의 가슴에
한 구절이라도 닿아 설렘과 그리움 위로와 희망되길 바
라며 이 책을 엮습니다.
먼저 바쁜 일정에도 불구하고 귀한 시간 내어 시집 해석을
써 주신 이달균 시인님께 진심으로 감사드리고
함께하는 시간 속에 묵묵히 힘이 되어준 사랑하는 남편
늘 응원 보내주는 아들딸에게도 고마운 마음 전합니다.
또한, 글의 길을 같이 걸으며 항상 격려와 우정을 나눠주
시는 선후배 문우님께도 감사드립니다.

차례

05 　 시인의 말
116 　 시집 해설

1부 둥근 삶으로

13	용서		23	첫눈
14	둥근 꿈		24	사월의 슬픈 파도
15	민들레		25	달맞이꽃
16	억새꽃		26	꽃상여
17	콩 타작		27	기역 자를 쓰며
18	눈사람		28	그때는
19	청산도		30	강가에서
20	유관순 열사 생가		31	감기
21	독도		32	하루
22	떡비			

2부 ❧ 노동의 신성함

35	귀먹은 경운기	46	마지막 새벽 1
36	농부의 가을	48	마지막 새벽 2
38	팔월의 임산부	50	37살의 바램
39	육각정에 핀 할미꽃	51	밤의 산고
40	도정	52	양파의 등곳길
41	바람의 그림자	54	옥수수와 나팔꽃
42	콩의 왕따	56	요양원 경운기
43	구제역	57	호미를 들고
44	퇴출 명령	58	묵향 흐르는 폐교
45	어리석음		

3부 유머 해학으로 사는 삶

61	더는 못 참아	74	포항 강구시장
62	필터 교체	75	보약
63	입덧	76	멍게의 꿈
64	이빨 빠진 마을	77	달
66	논두렁 올림픽	78	빗물
68	악건산 구절초	79	메주
69	신소양 핑크뮬리	80	동피랑
70	너의 엄마 될수 있을까	81	가을 버스를 타고
72	용감한 외출	82	색소폰과 장고
73	봄비		

4부 흙에 살리라

87	비	99	수박꽃
88	이른 봄	100	제야의 종소리
89	미소 잃은 우체통	102	농부의 6월 전쟁
90	시를 낳고 싶다	104	이앙기
91	배추의 꿈	105	우박
92	시의 체중계	106	동심의 풍경
93	콩을 가리며	108	어디고
94	분갈이	109	둥지 떠나는 새
95	충성 택배	110	떠나시는 길
96	백설의 감옥	112	기다림
98	출근 없는 반지하	113	걸작품

1부

둥근 삶으로

용서

소한 대한 지나간 자리
겹겹이 쌓여진 응어리
입춘 발걸음 소리에
사르륵 녹아버리면 좋겠습니다

튕겨져 나오는 호미질
풀리지 않는 흙덩어리
봄 햇살 손 내밀면
사르륵 녹아버리면 좋겠습니다

쓰린 이야기는 덮어두고
행복 씨앗 심어
조금씩 키워갔으면 좋겠습니다.

둥근 꿈

덜 깬 잠
새벽이슬로 세안하고
하얀 집 들어서면
노란 저고리 푼 채
수줍은 듯 고개 돌려
눈인사로 반긴다

시린 손끝으로 애무하고
수꽃술 암꽃 깊은 입맞춤
사랑 열매 달아 놓고
주체할 수 없는 설렘
식을 줄 모르는 열정

땀으로 범벅되어도
초록빛 줄무늬 선명하게
새겨 놓고 속은 핑크빛
꾹꾹 눌려 채워
어디에도 모나지 않고
둥글게 둥글게 크고 싶어.

민들레

장미나 목련처럼
우아한 자태는 아니지만
소박한 꿈 있어
흙먼지 마시는 일상을
숙명으로 여기며
양파 마늘밭 돌다
논두렁에 앉아 곰지락
거리는 키 작은 여자

질척이는 땅도 웃으며
뿌리내려 꿋꿋이 꽃 하나
피울 수만 있다면
논두렁에 앉아
밤낮을 흙먼지 마셔도
서럽지 않으리.

억새꽃

척박한 땅에 뿌리 내려
온몸으로 비바람 맞으며
억척스럽게 일궈낸 꽃동산

비빌 언덕 하나 없는 허허 벌판
지독한 굶주림에
아카시아꽃으로 허기 달래고
사시락 사시락 신들린 듯
춤추는 호미질

시퍼런 혈액 다 빠져버리고
텅 비워진 대궁 속으로
시린 바람만 갔다 왔다
헝클어진 은빛 머리카락
곱게 빗질하고 가볍게
헐헐 날아갈 구순의 은빛 미소.

콩 타작

도리깨에 털린 콩은
내리막길을 달린다
나는 둥글다
지구도 둥글다
구르는 소리마저 둥글다

비 온다
둥근 빗방울
쏟아진 콩들은 황급히
항아리에 담겨
간장 된장이 되고
한 집안 내력이 된다

싱거우면 소금과 섞여 놀고
너무 짜면 물 한 바가지와 어울려 논다
아이들 죄다 사라진 마을엔
콩 타작 소리만 굴러다닌다
둥글게 둥글게.

눈사람

하얀 그리움 소리 없이
쌓여만 가는 날
추억 발자국 굴러 모아
눈 코 입 그려 넣고
가만가만 살펴보니
보고픈 그대가 웃는다

처음 설렘마저도
오래 간직할 수 없어
그저 아무 말 없이
먼발치에서
바라만 볼 뿐이다
뜨거운 가슴 닿으면
이내 눈물이 된다기에.

청산도

넓은 바다 남쪽 모서리
홀연히 떠 있는 푸른 섬
산비탈 일구어 모은 삶
차곡차곡 쌓아 아름다운
돌담길 되었네
오랜 세월 농익은 삶의 보존
그들의 여정 느릿느릿
범바위를 오른다

서편제 북소리 장단 맞추어
아리 아리랑 아라리오
다랭이 논 구들장 논 한숨 달래고
느림의 미학 파도 타고 울려 퍼져
뭍 터 사람 모여들어
섬마을 꽃이 피네
앞만 보고 달려 잃어버린 것들
상서리 돌담길 천천히 거닐며
느릿느릿 추억 줍는다.

유관순 열사 생가

천안의 꽃봉오리
검은 머리 곱게 빗어
만월 같은 고운 자태
외로운 묘지 앞
고개 숙여 묵념 올립니다

조국 독립 태극기
끌어안아
매봉산 아우네 장터
골골 마다
붉은 꽃잎 뿌려놓고

열아홉 여린 가슴
독침에 질러
흰 저고리 만세의 피
적시는 고통 참으며
만세 만세 독립 만세 외쳤건만
광복의 날 보지 못한 채
독사 놈의 굴에서
순국하신 님이시여.

독도

사진으로 본 네 모습
가슴 설레였어
한 번 만나야 할 일념
지난밤을 설쳤고

망망대해 달려
묵은 찌꺼기 토해내면
내 오랜 그리움
담을 수 있을까

너무 짧은 만남
발만 쓰다듬다
돌아서는 아쉬움
수없이 왔다 가는 파도
너는 알는지 오직 한 사람
기다리는 외로운 섬.

떡비*

간절히 기도 하였으나
무심하게 또 오셨습니까
10월 들어 초순에 오시고
13일도 22일 더 많이 오신다는 소문
계획은 무산되고 울화통 터지는 밤

가을 논은 말라야 하는데
나락은 햇살과 놀아야 하고
뽀송뽀송한 가문家門에 마늘 양파
시집 가야합니다

참아주소서
내년 봄 가뭄에 단비로 옵소서.

* 떡비: 가을에 내리는 비를 이르는 말

첫눈

첫 발자국 밟으며
그대 오시면 좋겠습니다

첫눈 내리면 만나자던 희미한 약속
어디서 삶의 발자국 남기고 있나요

메마른 가슴
순백의 영혼들이 쉬어간
고요한 들판 위로
고라니 발자국만

시린 백지 가득
그대 이름 새겨 봅니다.

사월의 슬픈 파도

밭고랑에 앉아 우는 수박 꽃
벚꽃 향기 어지러웠던 사월
별이 된 장병의 합동 연결식
라디오 울음소리가
하우스 안 슬픔으로 채우고
일손 멈추고 묵념으로
별이 된 영웅들을 보냅니다

강인하던 대한에 아들
나라 위에 푸른 파도 타다
서해 바다 깊은 곳에 영원히
잠든 46개의 별들이여

땅이 울어 더 깊은 바다
까만 숯검정이 되어
내 쉬는 숨마다
대못 박힌 먹먹한 가슴
수 없이 왔다 가는 파도에게
장병들의 이름 불려봅니다.

달맞이꽃

8월의 태양
뜨겁게 손 내밀어도
눈길 한 번 안주고
솔바람 내려와 흔들어도
꼼짝하지 않은 그녀

온종일 들길 헤집고
어스름 어둠이 내리면
흙먼지 툭툭 털어 내고
달님 향한 그리움으로
꽃단장하는 그녀.

꽃상여

남은 자의 애통함
죽은 자의 원통함
하늘마저 울어
꽃상여 흠뻑 적시니
슬픔 포개어진다
굽이굽이 한 많은 세월
모두 싣고 떠나려한다

연분홍 시절
그대가 뿌리고 간
꽃잎 다섯 송이
야무지게 키우며
큰 나무도 섬기고
한숨 돌리나 하는 순간
암 덩어리 안고
떠나가는 월산댁.

기역 자를 쓰며

그런 몸으로 뭘 하겠다고
수군거림에도 땅을 물고
말없이 갈 길만 바라본다

낫 놓고 기역 자도 모르면서
별을 따보겠다고
미친 듯이 달빛 베어내고

애호박 곁에
앙칼진 땅 가시 베어내고
초록 넝쿨 길 내어준다

예리한 가시에 찔러도
무디어진 손마디 굳은살
온 몸으로 반듯하게
기역 자를 쓰며 들길 누빈다.

그때는

아무도 길어 올리지 않은
새벽 맑은 우물로
아침밥을 지으시는지
그때는 몰랐습니다

찌르럭 쿵 찌르럭 쿵
돗자리 짜는 소리에
잠들고 잠을 깨야 하는지
그때는 몰랐습니다

돗자리 한 죽이고
용마리 고개 넘어갈 적
고무신 애달파 우는지
허리띠 왜 졸라매는지
그때는 몰랐습니다

뙤약볕이 쏟아지는 유월
정돌 비탈진 콩밭에서
미숫가루 한 숟가락 타 마시며
포기마다 서러운 가난 토해내는 줄
그때는 몰랐습니다

장날마다 노래 불러도
운동화 왜 안 사 오는지
친구랑 싸우면 나만 혼내고
친구는 달래서 보내는지
그때는 몰랐습니다

이 제사
그때의 시린 추억
쓰다듬어봅니다

사랑합니다 어 머 니 !

강가에서

유유히 흐르는 세월
작은 들꽃의 미소
살며시 꺼내어 본다

쫓기고 쫓기던 날들
한 폭의 수채화로 그려
강물에 띄우고

물결이 여울지는 그곳
작은 그리움으로 일렁이다
남아있는 미완성의 추억
아직도 가슴 설레이고 있다.

감기

봄 인가 겨울인가
계산하는 틈 사이
비집고 들어와
밥 먹을 때나 일 할 때도
나의 일상을 흔들었고
너로 인하여
목젖이 타들어 가고
열꽃이 피기도 하였지

잠시 지나가는
유행인가 했는데
혹독한 가슴앓이 할 줄
너로 인하여
밤잠을 설쳤고
숨이 멎을 듯 헉헉거리다
말문이 막혀 아무것도
할 수가 없었다
너와 이별 후였어.

하루

나뭇잎 사이로 햇살 한 움큼
별빛 한 번 스치면
하루가 지나갔다

진달래 개나리 피었다고
봄바람 귀띔하는 사이
어느새 여름

누렇게 익은 들판 위
콤바인 한 바퀴 돌고
마늘 양파 심는다고
허리 한 번 굽혔다
펴는 사이 가을 지나 겨울

허공에 뜬 구름 쳐다보는 사이
한 생이 지나가네.

2부

노동의 신성함

귀먹은 경운기

들길 웅크리고 앉아
미세한 바람에도
시뻘건 눈물이 뚝뚝 떨어진다

힘자랑하듯 흙먼지 날리며
씽씽 달려가는 105마력 트랙터
멍하니 바라보다 시린 눈썹

심장에 기름 가득 채워
논밭을 뒤집고 들판을 실어 나른
녹슨 등짝 밀려난 시간 속에
들리지 않은 세상사는 두렵지 않다

아직 나사 하나 빼줄게 있어.

농부의 가을

강둑에 코스모스
바람결에 흔들이고
농부의 바쁜 손짓
황금빛 들판
땀방울로 물들어 가네

경운기 소리
트랙터 소리
장단 맞추어
가을걷이 바삐바삐
허수아비 손이라도 빌리고픈데

논 가운데 서서
속 태우는 농기계 녀석
어디가 아픈지
꾀병인지

콩 타작 할까
볏짚 묶을까
마음만 급해지고
서산에 걸린 해는
뉘엿뉘엿 저물어가네.

팔월의 임산부

유별나게 덥고 긴 올여름
부른 배 안고 조심조심
논두렁 타고 다니는 베트남 새댁

저출산 지방 소멸 위기
첫아기만 낳아도 1억 준다는 지역
아파트 분양 대출 우선순위
육아 휴직 3년으로 늘린다고 국회통과

온종일 땡볕이고
부른 배 안고 서 있는 나락
9월에 태풍 온다는 소문에
팔다리 강화 운동한다

새일미 밥맛 좋고 올되고
농민들 선호하는 종자
생산량 많다고 수매엔 탈락
휴경 논 우대 장려한단다
머지않아 1억 준다고
벼알 한 바가지 낳아 달라고
정책 세울 것이다.

육각정에 핀 할미꽃

바쁜 가을걷이 시작되면
서로 우리 일 좀 해주이소
콩타작 하고 마늘 심어 주이소
품앗이 갚으로 오이소
이집 저집 양파 심어 달라고
쟁탈전이 벌어지곤 하였죠
청덕 일대 안 밟은 논두렁 없고
땅만 허비다 등 굽은 할미꽃

세월 앞에 장사 없는기라
이제는 욕심도 미움도 가을 볕에 말리고
육각정에 피어 바쁘게 지나가는 트랙터
무심히 바라보며 마을을 지킨다
내차로 전국노래자랑 구경 가입시더
아이구야 땅을 물고 남세스러워 가겠나
괜찮아예 가입시더
못 이기는 척 따라 나서는 성태 할미꽃.

도정

어둠 속 창고 몸 숨긴 채
자물통 걸어두고
무의미한 갈등
깊은 속앓이의 세월

이제 까칠한 겉옷 벗어
거름 밭에 날리고
하얀 속살 그 모습 그대로
다가가는 용기
그대 앞에 당당히 서기 위해
까칠한 껍데기 깎아내는
아픔 견디어 본다.

바람의 그림자

우짜노 우짜노
갑작스러운 돌풍
삶의 터전 휘저어
쑥대밭 만들어 놓고
아무 일 없다는 듯
어디로 사라졌노

봄엔
노란 수박꽃 피워
노래 부르고
햇볕 좋은 날엔
빨간 고추 말리며
결실 기다린 마음

이 가을
땀의 무게만큼
당신이 주신대로
받을 뿐인데
우짠다고 우짠다고
토네이도 보내
다 쓸어 가십니까.

콩의 왕따

질금거리는 장마철 틈 사이
자주 들리지 못함을 눈치채고
어스름한 밭고랑 벽 콩을 세워 놓고
바랭이는 툭툭 차고
쇠비름 씹던 껌 코에 붙였다 뗐다
한쪽 다리 건들거리며 눈알 굴려
망을 보는 키 큰 망초대
콩를 에워싸고 괴롭히는 한삼넝쿨

숨 막히는 더위 속
제 몸 하나 지탱하기도 버거운데
끈질긴 손길은 쉴 새 없이 뻗어와
여린 잎새 짓누르네

TV속 화려한 세상은 저 멀리 아득한 이야기
뿌리 엉킨 채 서로의 온기마저 잃어가는 여름
팔 걷어붙이고 낫 호미 데리고
눈물 쏙 빠지게 혼줄내고 언덕으로 유인한다.

구제역

형체도 없는 너는
무슨 원한으로 죽은 영혼이길래
혹한 겨울 여기저기 떠돌다
또 다른 한숨 소리 만드는가

순박한 농부 꿈 짓 밟고
할 말 못하고 사는 게 무슨 업보여서
눈 부릅 뜬 채 생이별로
가슴 저미는 아픔 주는가

너는 무슨 원한으로
죽은 영혼이길래
사랑하는 임
징검다리 끊어 놓고
애절한 그리움 쌓이게 하는가

이제 따스운 햇님 내려와
어루만저 달래 주거들랑
긴 겨울 강 건너
고운 봄볕에 영원히 잠들기를.

퇴출 명령

은근슬쩍
남의 자리 앉아 미안한 듯
눈인사 피하네

위풍당당
수박 넝쿨 뻗어 가는데
걸쭉한 거름 맛
나눠 먹자고
땅속 깊이 손 뻗어 놓고
야금야금 뺏아 먹는 잡초

앉을 자리 앉아야지
너를 몰아낸다
어쩔 수 없어.

어리석음

칠천만원 짜리 트랙터
삼천오백만원 이양기
묵묵히 들일 한다는 이유로
길모퉁이 세워 놓고
비바람 흙먼지를 맞힌다

겉 모습만 번지르르한
중고로 들여온
이천만원 짜리 애마
잠시 외출 갔다 왔을 뿐인데
보드라운 수건으로
조심조심 닦으며
아늑한 방에 잠을 재운다.

마지막 새벽 1

아 요- 좀 일어나보오
정말 미안한데 아 요- 일어나 보레이
곤하게 잠든 당신 깨워 미안하오
마지막으로 당신 손이 필요하오
잠결에 가슴 답답하여
귀저기 빼다 손에 똥칠하였나 봐
우짜노 미안쿠먼
달포 동안 내안에 것을 다 비웠건만
아직 남은 게 있었나보오
물 한 모금의 욕심도 버려야
가볍게 떠날 수 있는 모양이구려

열여섯 꽃봉오리 당신 데려다
배불리 못 먹이고 고생만 시켜 미안하오
팔도 아픈데 끝까지 요양원에 안 보내고
육십여 년 동안 추억이 담긴 보금자리에서
당신과 긴 이별 하게 되어 정말 고맙소
눈앞이 희미해서 고운 당신 얼굴 자꾸 멀어지지만
귀가 먹먹하여 고운 목소리 들리지 않지만
난 무섭지 않소

내 마지막 가는 길 끝까지 지켜 주어
편히 가리다

부탁하오 내 떠난 빈자리
오래 처다보지 말고 건강 챙기며 잘 있어주오
내가 데리러 올 때까지.

마지막 새벽 2

늘 선잠으로 귀문 열어
이른 새벽 잠결에 나지막이
당신 부르는 소리에 눈 비비며 일어나
야윈 당신을 애잔한 마음으로 멍하니 봅니다
이제 아기가 되어 똥오줌 못 가리지만
평생 큰 소리 한번 안 지르고
법 없이도 살 사람이었지요

가난하였지만 성실하게 가족위해
살아온 당신을 위하여
귀저기 채우고 씻기는 것 내 못 할 일 없지요
어젯밤 야윈 당신 곁에 누워
어쩌면 마지막일 것 같은 예감에
첫날밤처럼 가슴 설레임보다 두려웠소
결국엔 베갯잇이 젖었더이다

육십여 년 동안 버팀목으로
즐거울 때나 괴로울 때나
한결같은 마음 고마웠소
그동안 서운한 게 있거들랑 다 풀고 가시구려

힘든 들숨 날숨으로 긴 이별 몸부림에
그저 담담히 바라볼 뿐이오
자식들 올 때까지 정 힘들면 이제 그만
눈 감으시구려
자식들 빨리 달려오라고 동이 트는 아침
당신은 싸늘히 식은 몸으로 눈만 뜬 채
이 아침을 맞는구려
그리 덥지도 춥지도 않는 사월 그믐날
당신과 다시 못 볼 이별 앞에 가슴 미어지지만
부탁 하나 해야겠소

어느 날 날 데려갈 적엔 자는 잠에 데려가 주오
받은 사랑 되새김질하며
당신이 데리러 올 때까지 기다리겠소
너무 오래 기다리게 하지는 말아요.

37살의 바램

삼십칠 세 긴 낚싯대
연못 깊이 던져 놓고
인연의 찌가 흔들리길 기다린다

한 끼 먹고 버리는
장어 붕어보다
진흙의 역경 견디며
꿋꿋하게 살아온
속 깊은
연꽃 한 송이 품에 안아
내 뜰 안에 심어 놓고

같은 곳을 바라보며 길을 내고
봄이면 새싹 움트는 기쁨 나누며
저녁 노을 아름다운
강둑을 그대와 걷고 싶어라.

밤의 산고

괴로운 진통
마굿간을 흔든다
커다란 눈만 껌벅껌벅
양수 물 터지고
세상 구경 나온 너는
잠시 어리둥절
스스로 벌떡 일어나
뚜벅뚜벅 걸어
어미 젖가슴 찾는데

모든 것이 얼어붙은
동짓달 스물 나흘 밤
오막살이엔 문고리 잡고
꽁보리밥 힘 모아
노란 하늘 보일 적
봉남댁 둘째 딸 울음소리
흙담을 흔들고
아무것도 할 줄 몰라 보채기만
쉰이 가까운 세월 아직
엄마 앞에선 아장걸음.

양파의 등굣길

봄비 개인 4월
단정하게 교복 입고
단발머리 찰랑찰랑
논두렁길 따라 등교하는 양파들

등교하는 친구들 부끄러워
소 등 뒤에 숨었다
유년 시절 책가방 대신
소고삐 쥐고 이산 저산
꿈을 찾아 헤매다

부산 방직공장에 가면 야간
중고등 공부하는 곳이
있다는 풍문에 귀가 쫑긋
뛰는 가슴 안고 찾아 나선길

낮에는 방직공장 얽히고설킨
실타래 풀며 미로 같은 길
밤엔 낡은 책상의 날갯짓
연필 끝에 먼 미래의 꿈 매달고
어둠 속에서도 길을 잃지 않았던 건
품은 꿈 하나 가슴에 있어.

옥수수와 나팔꽃

수줍은 꽃 봉우리
담 넘어 세상 보고파
옥수숫대 붙잡고
아침 햇살에 활짝 피었다
땡볕에 시든 나팔꽃

땡초 보다
더 매운 시집살이
인내의 길목에서
포기하고픈 순간
텁수룩한 옥수수수염 날리며
말없이 내민 손
당신 줄기에 한 바퀴씩
감긴 스물다섯 해

담 넘어 어렴풋이 보이는 세상
하얀 쌀밥 같은
망초꽃 다 지고
노란 은행잎만 소복이 모였네

피고지고 피고지고 할지언정
또 다른 세상 올 때까지
매일 아침 그대 위해 활짝 피겠소.

요양원 경운기

장마 끝나고 여름도 저만치 가고 있는데
요양원에 드러누운 경운기 한 대

하늘엔 비행기 떠가고
들판엔 젊은 트랙터만 굴러다닌다

나도 한땐 청춘이었다
밭고랑 사이로 옥수수며 고구마며
굵은 힘줄로 한 식구 살려냈건만

남길 유언도 없고
울어줄 한 사람도 없어
시한부로 녹슬어가는 뼈마디가 아리다

추수할 가을이 다가오는데
간병인 발길은 멀어만 가고.

호미를 들고

한미 FTA 임박하고
농심 어수선한데
어김없이 찾아온 봄
겨우내 쌓인 먼지 털고
서까래 걸어둔 호미 삽
슬며시 데리고 나갔다

묵은 잡초 쫓아내고
삶의 무게만큼 이랑 만들어
소박한 꿈 토닥토닥 심는다.

묵향 흐르는 폐교

계남초등학교 교정엔
청계산 정기 가득한데
오늘 벼루 붓 화선지 들고 입학한
나는 여덟 살이다

서예 대가이신 직암 선생님
획 하나 스치고 지나간 힘의 강약
이어질 듯 끊어지고
끊어질 듯 이어지는 행서의 붓 길
신비롭고 황홀한 붓의 춤사위
화선지에 내려앉는다

그 길 따라 흐르는 묵향
매년 전국대회에서
대상 최우수 금상 받아
단봉 서실 빛낸 선배님

호미 삽 잡은 손 붓끝에 떨고
해서체로 써보는 내 이름 석자
지혜의 결핍증 묵향에 풀어본다.

3부
유머 해학으로 사는 삶

더는 못 참아

길조라는 까치
평화의 상징 비둘기
옛말일세
전기 줄이 나뭇가지인 양
집을 짓고
누구네 밭에 콩 심나 참깨 심는지
눈 여겨 본다

너 하나 먹고 나하나 먹고 넉넉하게
씨를 넣었다

뿔났다 인심 좋은 농부 아낙네
두 번째 심은 콩 다 빼 먹고
왁 -씨 독한 약을 발라 심을까
너도 나도 못 먹게

새들에게 지켜 낸 콩
간밤에 한 포기도 남기지 않고
다 먹어 치웠네 노루 새끼가.

필터 교체

3개월에 한 번씩
정수기 아저씨가 필터를
갈아 준다
보기엔 맑은 물인데
뭐가 걸려 나오는지
유심히 본다

정화된 물로
밥을 짓고 국 끓여 먹었으니
맑은 피가 흐르겠지
방심하는 사이
촘촘한 필터 사이로
언제 흘러 들어갔는지
시커먼 말들이 쌓이고
뾰족한 가시가 튀어 나온다

다시 필터를 갈아야겠다.

입덧

나른하다
담을 넘어 온
매화 향기가 역겨워 울컥
새콤달콤 봄나물 먹고 싶다

지난겨울 하얀 눈꽃 이불
들썩거리고 땅의 입김에
사르륵 녹아버렸지

땅의 자궁 속에서
새순 곰지락곰지락
온 천지가 꽃동산 되겠네.

이빨 빠진 마을

오랜 세월 잘금잘금
가난 씹어가며 묵묵히
지켜 온 삶의 터전
앞니 뽑아 지붕 위 던져주고
까치야 까치야
헌 이 줄게 새 이 다오
까르륵 웃던 아이들
까치 따라 다 떠나고

골목마다 허물어진 잇몸
임플란트도 못하고
듬성듬성 빠진 채
이빨 없음 잇몸으로 사는 기라

또 이빨 한 채가 흔들린다
갈비실 아지매 요양원 가시고
남은 이빨들도 흔들리며
물컹한 세월을 먹는다

그립다
촘촘히 박혀 하얀 이 보이며
웃고 나눠 먹던 시절.

논두렁 올림픽

코로나 팬데믹으로 사상 최초
도쿄올림픽은 연기되고

탐욕과 지배를 허물고 개최되는
청덕면 성태 논두렁 올림픽

6월3일 마을 묶어 세우기
6월13일 양파 업고 백 미터 달리기
5월7일 마을 쫑빼기 예선전에서
선출된 선수 대기중

한국 한 젊은이 끈기 부족으로 기권
필리핀 선수 무릎 부상으로 결장

드디어 본선 선수 입장
중국34세 남 모옌.우레이. 두모찡
캄보디아31세 여 뺄완나니락
우즈배키스탄 24세 여 크리스티나
러시아 25세 남 드미트리 알렉세이
배트남28세 여 누엔티티. 누엔티론
한국 75세 안화조 80세 이달분

조바심에 눈썹 치켜 새워
빨리 빨리 뛰어 소리 지르는 김명수 감독
윤 코치 생수 나르고 등 토닥이며 힘 보탠다
앞서거니 뒤서거니 치열한 경기
막걸리 한 사발에 국제 전화 한 통

금메달 보인다
80세 안화조 나 아직 안 죽었다 고
젖 먹는 힘 다해 결승전 통과

벌떡 일어나 응원하는 개망초
민들레. 쑥부쟁이. 쇠비름.바래기풀
파이팅 파이팅 외치는 소리
논두렁이 들썩 거린다.

악견산 구절초

용문사 염불소리
귀고리에 매달고 산을 오른다

얽히고설킨 칡넝쿨
못 가겠다 못 가겠다
더는 못 가겠다

얽어맨 인연 발길 비집고
한발 한발 또 한발 정상에 오른다

묵묵히 지켜보던 부처님 닮은 큰 바위
이제 그만 내려가
108배도 마쳤으니 이제 그만 가라고

하산길 돌 틈새 저만치 핀 구절초
여기가 환한 대웅전
가벼운 걸음으로 일주문을 나선다.

신소양 핑크뮬리

너를 보고 내 입에서 감탄사가
나올 줄 몰랐다
머릿결 쓰다듬어
예쁘다 예쁘다 중얼거린다

밭두렁 혼자 어슬렁거릴 땐
쓸데없는 잡초라고 무시하고
가까이하고 싶지 않아 천대하였지

향기도 없는 것이 꽃도 아닌 것이
너만의 특색 핑크빛 머릿결 만든다고
비바람 맞아 헝클어지고 찢어지고
다시 힘을 내어 살아 낸 용기 칭찬한다

그 머릿결 한 번 보겠다고
모여드는 전국 사람들
가을 바람 구름도 머물다 가네
내 이름은 잡초가 아닌 핑크뮬리라고
겸손하게 손 흔드네.

너의 엄마 될수 있을까

쓰레기통 엎어 놓고
마당 여기저기 똥 싸고 밥상 덩어리
앙칼진 목소리 날카로운 발톱 세워
오래전 수돗가 제사 쓸 생선
너의 종족 한데 뺏긴 후 너의 종족과는
인연 끊고 살았다

가을걷이 한창 바쁜 10월
축사 지푸라기 속에서
아기고양이 울음소리
어미가 와서 젖 주겠지
들일 마치고 집에 와 보니
그 자리에서 울고 있었다
어미가 어디 나갔나
간밤에 내 귀가 축사 쪽으로 쏠리고
일찍 내려가 보니 벌벌 떨고 탈진 상태였다
이틀 동안 아무것도 못 먹은 것 같았다
방으로 데려가 따뜻한 미음 먹이고
영양제 사다 먹이고 품에 안아 주었다
3일을 기다려도 어미는 나타나지 않아

유튜브로 너의 관한 공부도 하고
보살펴 주었다
남편은 이 바쁜 시국에 싫어하는
고양이 새끼는 방에 데리고 와서뭐 하는기고?
우짜는교 생명은 살리고 봐야제 야가 뭔 죄가 있나.

용감한 외출

쏟아지는 빗속을 헤집고
아늑한 나비의 집
은은한 차 향기를 닮은
중년의 꽃들

합천호 물안개 피어오르네
상큼한 풀잎 옷맵시 다듬고
배시시 웃는 오후

풍덩풍덩 멋모르고
용감하게 건너온 세월
수제비 한 그릇 놓고
깊은 우정을 퍼먹는다.

봄비

겨울잠에서 막 깨어난
새싹들 말갛게
세수하고 소풍 갔다

적막한 긴 밤 견디며
골다골증 걸린 나무
링거 한 병 걸어주고

감기 걸린 종달새
봄비 한 모금에
목청 헹구고 소나무 가지
무대 삼아 시 낭송을 한다.

포항 강구시장

불룩불룩 근육질
팔을 벌리고
금방이라도 안을 듯 반긴다

포식을 꿈꾸며
바다 온갖 비린내 밟고
근육질 탐욕스럽게 본다

투명 유리 상자 가두어둔
바다 깊은 사연
하고픈 말 숨겨 둔 채
불그스럼한 팔뚝
근육질만 자랑하며
행인을 유혹하네.

보약

부산하던 가을걷이 끝나고
생기 넘치던 연둣빛은
빛바랜 갈색의 무기력한 초겨울
보약 한 첩 먹어야겠다

쌉싸름한 들꽃 한 움큼
산기슭에 흐르는 샘물 두 바가지
맑은 바람 새소리도 넣고
달짝지근한 감초 한 조각
활활 타는 장작불 열정으로
시를 끓인다

오랜 시간 정성 쏟아
푹 끓이고 달궈지면
쓴맛 단맛 음미하며
천천히 마신다

혈관 타고 온몸
전율이 흐르듯 짜릿한 이 기분
비로소 살맛이 난다.

멍게의 꿈

오막살이 늦은 울음소리
흙담에 키를 세워
소몰이 하다
청솔가지 푸른 꿈 걸어두고
길 찾아 갔는가 그대

잿빛 콘크리트 숲속
멍게 횟집 걸어두고
밤낮을 바꿔 뛰고 뛰어
암초를 헤집고
거친 파도 헤쳐 나와
일곱 색깔 무지개
바라보는 벅찬 가슴.

달

밤길 걷다
독사 꼬리라도 밟을새라
현관문까지 따라온다

가끔 티격티격 하다
구름 속에 숨어
밀당을 하다가도

짙은 어둠이 내리면
어김없이 내 발걸음 앞을
비추는 그대.

빗물

질퍽한 그리움
가슴 흠뻑 적시고
점점 멀어지는 아련한 추억
더듬어 불러 보지만

이 세상
그 어디에서도
만날 수 없는 그리움
빗물에 풀어 본다

얼마나 세월 보내야
이 그리움
빗물에 씻어낼까.

메주

둔탁한 목소리
둥둥 떠돌고
짭짤한 소금 잔소리
물 휘젓는데

침묵의 가르침
참을 인忍 석자 되뇌이며
조금씩 스며들어
제 몸 어깨고 녹여
조화로운 맛 들어
가풍 이어가는 맏종부.

동피랑

거센 파도 밀려와
부셔버릴 기세다
등 굽은 나무 어디 가서
잔잔한 수평선 바라볼까
손 끝 오래된 비린내
파르륵 떨고 있을 뿐이다

고운 물감 몰려와
허물어진 골목 지키자고
외계 행성
어린 왕자 불러오고
잡스 할아버지도
낡은 벽에 앉아
바다를 보고 미소 짓는다

하늘 구름 갈매기
동리항 좁은 골목에서
걸터앉아 한가롭게 웃는다
파이프를 입에 문 거인 선장
이순신 장군도 동피랑을 지킨다.

가을 버스를 타고

새벽잠 없는 낙엽들
정거장으로 모여 든다
밤새 신경통으로 잠 못 이룬
은행나무 굴참나무

마른기침에 뜬 눈으로
그리움을 토해 내고
알싸한 아침
식전 먹는 혈압 신경통 약
한 끼 밥처럼 삼키고

봄 여름
혹사시킨 팔 다리
만병통치약을 찾아
가쁜 숨을 고르며
콜록거리며 도착한
가을 버스 타고
연골 속으로 숭숭 지나는
바람을 안고 병원 투어를 한다.

색소폰과 장고

빙글빙글 도는 의자
명예스러운 중년의 무게
화려하고 달콤한 유혹
조용히 내려놓고

합천호 잔잔한 언덕 위
노을 그려 놓고
한 쌍의 비둘기처럼
평화로운 화음으로 노래하네

평생 이름 석자 쓰고 픈
대병 고을 할미꽃
호미자루 대신 연필 잡고
덩~더쿵 덩~더쿵 장고 소리 따라
가나다라 또박또박 미소 짓네

잔잔한 물안개 피어오르면
감미로운 색소폰 연주에
덩~더쿵 덩~더쿵 설장고 장단 맞추고
합천호 물줄기 따라

그대의 아름다운 음율
고을마다 울려 퍼진다네.

4부

흙에 살리라

비

밤바다를 좋아하나 보다
어두운 밤
길 나선 걸 보면

바람을 좋아하나 보다
어디 가야 할지 모른 채
바람만 따라다니는 걸 보면

여행을 좋아하나 보다
구름 타고 도시 와 산천
돌고 돌아
마지막 가고픈 바다에
닿는 걸 보면.

이른 봄

잔 서리 이불 삼아 누워 있는
풀 섶 위로 매화 향기
솔솔 묻어나는 아침

서까래 매달려
먼지만 마시던 호미 삽
데리고 나가 봄 캐는 소리

칼바람 무서워 곳간 창고 숨어
문틈 새로 유혹하는 봄비 따라
길 나선 씨앗들 설레는 맘 두근두근.

미소 잃은 우체통

삭막한 세월 속 빛바랜 추억
무거운 침묵만 안고
무의미한 미소로 서 있다

애잔한 그리움도
초고속 이메일에 뺏긴 채
쌉싸름한 청구 내 역서만
한입 가득 물고 있다

가슴 저 편 아련히
피어나는 추억
우체통에 닿을까
설레는 손 편지
예쁜 꽃잎에 담아
달콤한 향기 먼저
띄워 보내니.

시를 낳고 싶다

명품으로 장식한 여자보다
시집 한 권 가진 여자가 되고 싶었고

외제차 몰고 다니는 여자보다
경운기 타고 오가며
시 줍는 여자가 되고 싶었고

유창하게 영어 잘하는 여자 보다
맛깔스레 시 낭송 잘하는 여자
몸매 섹시한 여자보다는
헐렁한 바지에 보리밭 콩밭에서도
순풍순풍 시를 낳고

시와 뜨겁게
연애하는 여자이고 싶었다.

배추의 꿈

두근거림 진정하고
면접을 본다
일 열로 선 채
매서운 발걸음 멈춰
쑤--욱 뽑혀

짭자란 연수원 지나
빨간 유니폼 입고
삼성 하우젠 반듯한 딤채
옛날식 장독대라도
들어가고 픈 맘 간절했는데

하루살이 겉절이도 못되고
허 허 벌판 외롭게 떨다
혹독한 눈보라까지
하지만 무섭지 않네
한 알 품은 꿈
내 가슴에 있으니.

시의 체중계

밤새워 시어들을 신나게 씹었다
도입부로 시작하여
비유 은유 의인법도 놓고
팔딱거리는 활유까지
벌써 창이 밝았다
체중은 얼마나 불었을까

간절함이 무너졌다
제목은 작게 의미 주제는
풍성하게 더 얼마나 먹어야
뽀얀 빛깔로 살이 오를까

뜬구름 잡는 비유는 헛배 부르고
진심 없는 은유 텅 빈 껍데기
의미 없는 주제들 흩어져 길을 잃었고
예리한 눈금은 늘 그 자리.

콩을 가리며

내리막길 위
지나온 세월 한 바가지
퍼 올려놓는다
엄격한 땅의 관문 열고
얄궂은 비바람 비위 맞추어
부지런히 알갱이 살 지운 녀석
데굴데굴 춤추며 내려온다

투정 부리고 질투하다 앙칼진 목소리
부질없는 아옹다옹 긴 동짓달 밤
내 안의 쭉정이 하나 둘 가려낸다.

분갈이

봄볕 고운 날 택일 잡아놓고
튼실한 하고 착실한 화분에
묵은 인연 털어 내고
청실홍실 곱게 묶어
분갈이하는 손 떨려 온다

첫 삽은 효를 담고
참을 인 세 삽
사랑 덤북 섞어
깊이깊이 뿌리 내려
비바람 몰아쳐도
흔들리지 말라고
기원으로 심는다

삼십 년 시간 들이
쏙 빠져나간 텅 빈 가슴
내년 봄 재롱 꽃 한 송이 피러나.

충성 택배

계절에 충성하듯
나무들도 푸른 옷 갈아입고
너 또한 나라 위해
푸른 옷 갈아입었구나

자유분방했던 너의 시간
집으로 도착하여
찬찬히 풀어 쓰다듬어 본다

뒹굴던 청바지와 티셔츠
씩씩하게 뛰어갔던 운동화
충성을 외치는 사진 한 장
효도하겠다는 편지
가슴에 안아 본다

새벽하늘
정화수 한 사발에
그리움 담고
두손 모아 기도합니다.

백설의 감옥

잿빛 하늘 드리워진 새벽
소리 없이 살금살금
자유 공간 조여 오는 순백의 그림자
순식간에 포위되었다

올곧게 살아온 대나무
무슨 죄일까
고개 푹 숙인 채 말이 없고
욕심 없이 다 벗어 놓은
겨울 나무 무슨 죄일까
사시나무 떨듯 상기된 얼굴

독방 창가 서성이다
김치 두 조각 콩밥으로
허기진 배를 달래고
가만히 누워 있는 머리 맡에

불교 책 눈 맞추고
참회록 문구 읽으며
108배한다
저 하얀 세상 후회 없는 발자국
하나 남기고 싶어.

출근 없는 반지하

가난한 골목 무거운 아침
철창문 틈새로 들어오는
상심한 햇살 낡은 구두 지나가고
폐지 몇 장 싣고
먼지 풀풀 날리며 내려가는 손수레
비누방울 쫓아 등교하는 운동화
자기 몫의 지구 굴리러 가나 보다

석 달 치 밀린 물세
피 땀 먹고 자란 두 마지기
양파들이 와서 땋아 내고
가을 달세 벼 포대가 내고
현란한 이력서 코로나로
이리저리 차여 찢어진 채
4평 모서리마다 충열 된 눈
구겨진 이력서 다림질 해놓고
관처럼 딱 맞는 침대
하루치 시간을 눕힌다.

수박꽃

결 고운 연둣빛 치마
노란 저고리 팔랑이다
태양의 사랑 듬뿍 받아
빨갛게 익은 마음

들길 휘돌아 지친 태양
논두렁에 앉아
긴 한숨 토해낼 때
잘 익은 마음 한 조각
쪼개어 주고 싶소

강가에 가지 않아도 시원한 숲속
마르지 않고 흐르는 물소리 되어
그대 귓전에 머물고 싶소

먼 훗날
황혼의 길목에서
수박씨 하나둘 툭 툭
내뱉어 낼 적엔 그대 곁에 머물러
행복하였노라 말하고 싶소.

제야의 종소리

춥다는 핑계로
매번 이불 속에서
연말 연애인 시상식을 보며
서울 종로 보신각 종소리로
새해를 맞이했다

한 통의 전화 밤 열시
새해를 함께 맞이하자는 말
모자 잠바 무장을 하고
소프라노 트로트 댄스 각설이
각자 자기의 재능으로 축하 공연

손국복 시인님 축시는 합천인의
자부심을 심어 주었다
각자의 소원을 담아
두 손 모아 촛불 들고
두루마기 입은 군수님, 의장님
합천의 각 단체장 군민 함성과 함께
종을 힘차게 친다

우람한 종소리는
희망찬 합천을 열어 주었다
이제 막 2008년도는
역사 속으로 사라지고
기축년 새해가 시작되었다

캄캄한 겨울밤
어둠을 뚫고 힘차게 올라간
화려한 합천의 꽃.

농부의 6월 전쟁

따가운 햇살 아래
군사를 불러 새워
치열한 전쟁 준비를 한다

보름 전 세운 작전
부족한 군사를 위해
먼 후방에서
파견 나온 지원병
국수 한 그릇 말아주고

오늘의 작전
천칠백 평 들판에 늘어선
양파 무리를 소탕하는 일
언제든지 호루라기만 불면
전투에 나설 만반의 자세로
배급을 받는다

뙤약볕 총알이 등에 쏟아지고
흙먼지로 위장을 한다
땀으로 온몸 젖은 오후
초코파이 막걸리 한 사발로
목을 축이고 군가를 부르며
앞으로 앞으로 나아간다.

이앙기

첫 길이라 삐뚤삐뚤
푸른 꿈 만나는 너
황금 들 이루겠는 일념 하나로
반듯한 줄이 될 때까지
네 실수 내 실수도 해서는 안 되는
반듯한 줄이 될 때까지 비지 땀을 흘린다

쏟아지는 태양과 맞짱 떠야 하고
얄궂은 장대비 폭언도 견뎌야 하느니
지난날 두레 살이 동요가
논두렁 가로질러 나가고
자박 자박 노루발 찍어 푸른 꿈 심는다.

우박

연둣빛 햇살이 샘처럼 고여
양파 마늘 토실토실
살찌는 소리에 가슴 벅찬 오월

하늘이 점심을 잘못 드셨나
요동치는 배를 움켜잡고
시퍼런 얼음덩어리를 토해 놓고
아무 일 없다는 듯 산 너머로 사라졌다

우짜노 우짜노 이 일을
하늘도 무심하지 하필 여기서
양파 마늘 여린 고춧잎
팔다리 찢어지고 울부짖는다

폐비닐 굽는 연기 마시고
내가 무심코 버린 썩은
고깃덩어리 먹었나 봐.

동심의 풍경

부산 명지동 낙동강
잔잔한 미소로 반기고
나부끼는 갈대 숲 속
풍경 있는 통나무집
추억 풀어 놓는다

고무줄 끊어 놓고
도망친 머슴아들
머리 희끗희끗 아저씨 되었네

수박 서리 감자 서리
밤 하늘 별 헤아리다
밤새운 가시내들
알뜰살뜰 아줌마 되었네

동심으로 돌아 온
머슴아들 가시내들
왼 종일 추억 보따리
풀어 놓아도
다 하지 못한 채
깔깔 웃음에 갈대숲
덩달아 춤추고
아쉬운 노을이 내린다.

어디고

동서네 식구가 온다고 한다
백신 맞고 널브러져 있다가
벌떡 일어나
냉장고 숨어 있는 생선 고기 찾아 내고
텃밭 풋고추 정구지 데려오고
곁눈질로 쳐다보는 바랭기 쇠비름
콩밭을 괴롭혀도 용서 되는 오늘

식탁 위 손 전화 춤을 춘다
응 , 동서 어디고
칠서 휴게소 지났어요
회 좀 떠가니까 밥만 안치세요

프라이팬 크고 작은 냄비
앞다투어 가스레인지
오르락 내리락.

둥지 떠나는 새

어느 봄날
설레이며 너를 안았고
벅찬 가슴 조이며
너를 바라 보았지
흙담의 역경 속에서도
흩어짐 없이
꿈을 키워 오던 너
세상 향해 날개짓 하더니
둥지 떠날 줄

날개 활짝 펴고
푸른 창공 날아 보렴
험한 산길 만나고
비바람 만나거든
큰 소리로 노래 하렴
가끔 내려앉아
풀벌레 애환 들어보고
들꽃 향기 맡으면서
너의 둥지 틀어 보렴.

떠나시는 길

푸른 시절 어디 가고
바싹 마른 가지에 매달린
낙엽처럼 금방이라도
떨어질 예감에 가슴 미어집니다

팔십 고개 넘어온 모진 세월만큼
더덕더덕 쌓여진 삶의 상처
새벽이슬 한 방울도
몸속에 스미지 못합니다

체념 한 듯
하나씩 버리는 모습
육남매를 슬프게 합니다
끼고 있던 가락지 벗어두고
평생 일궈 오신 삼백 평 종이 한 장도
꼬깃꼬깃 쌈짓돈 몇 냥도
다 버리고 이별 준비 하나 봅니다

무거운 짐 내려놓으시고
새털처럼 가벼운 날개 달고
걱정 없는 영원의 나라로
훨훨 날아가옵소서
25년 아버님과 보낸 세월
미운정 고운정 가슴에 녹아
빗물 되어 흘러내립니다.

기다림

잿빛 하늘 그물 쳐
후 줄 건이 젖는 들녘
환히 오실 그대 기다려
서성이다 지쳐
바지가랑이 질척거리는
무거운 봄

몸도 마음도 지쳐버려
조바심에 숨이 차고
수박꽃 목련화
그대 그리움에
눈 짓물러 앉아 눕는데
햇살은 언제 오르나.

걸작품

참새들 합창으로
아침을 열고
잡초에 맺힌 이슬
장화 발로 툭툭 차며
둘러보는 하얀집

발자국 소리에
수줍은 듯 깨어난
노란 수박꽃
밤새 무탈하였는지
줄기마다 살펴보고
목마를 새라 물주고
균형 잡아 영양제 먹이고

예술 하는 심정으로
만 백번의 손길로
다듬고 다듬어
분홍빛으로 속을 꽉 채운
중앙공판장에서 1등급
나의 걸작품.

시집 해설

이달균 (시인·문학평론가)

윤경선 시집 해설

순정純情한 시심詩心,
정신의 충만을 향해

1. 긍휼矜恤한 시심詩心

독청독성獨淸獨醒이란 말을 생각한다. 혼탁한 세상에 어찌 홀로 깨끗하고 맑은 정신을 소유할 수 있으랴만 대지와 통하고 하늘의 말에 귀 기울이는 농부 시인이라면 가능하지 않을까. 흙덩이 속에 꿈틀대는 지렁이의 눈물에 아파하고, 미처 거두지 못한 낱알갱이에도 눈길 주는 마음이라면, 그 긍휼함이 바로 생명에 대한 사랑이며 존중의 시심詩心이 아니겠는가? 그런 진정성이 있다면 굳이 새로운 이미지와 완숙의 장치에 얽매일 일은 없다. 구름

이 구름을 만나 무거워지면 저절로 비로 내린다. 그렇게 한없이 가벼워지면 세상은 비로소 맑아진다. 그 맑음은 동화적 천진함과 결을 같이 한다.

윤경선 시인의 첫 시집 『논두렁 올림픽』은 그런 맑고 천진한 동화적 상상력으로 가득하다. 애써 멋 부리지 않고, 현란한 수사를 동원하지 않는 편안함이 좋다. 언어의 인플레이션 시대에 이런 자연스러움은 숲을 떠다니는 반딧불이처럼 빛난다. 수십 단의 양파들을 차에 실어 보내고 평상에 앉아 하늘을 보면 무엇이 보일까. 그저 들판에 날개 펼친 고추잠자리 한 마리도 예사롭지 않으리라. 그런 시들을 보면서 혼탁한 눈을 씻는다.

2. 각진 삶에서 둥근 삶으로

농부이며 시인으로 한 생애를 살아온 윤경선 시인의 경우라면 농자천하지대본農者天下之大本이 아니라, 농민시천하지대본農民詩天下之大本이라 해도 과언 아니다. 문학은 진실로 그녀의 해방구였다. 윤 시인의 생애는 총천연색 파노라마처럼 펼쳐진다.

당시 대부분 그러했듯 그녀 역시 가진 것 없이 성장하여 도회에서 공장과 야간학교를 다니며 동생들 뒷바라지로 바빴고, 그 틈틈이 강의와 강연 등을 찾아다니며 지식 갈증을 해결했다. 합천군 청덕면 성태리로 시집온 후, 별을 보며 들에 나갔고, 달을 보며 귀가하면서도 삶의 일부를 기록했다. 마을에서 만나는 이들이라 해봐야 노인들과 농투성이들이 전부였으니 자의식을 드러내고 싶은 욕구야 말할 수 없었다. 그러던 차에 아이의 담임이었던 손국복 시인을 만나 적어놓은 생활 수기를 보여주었고, 농민신문에 투고, 입상하면서 비로소 새로운 길을 찾게 되었다.

    도리깨에 털린 콩은
    내리막길을 달린다

    나는 둥글다
    지구도 둥글다
    구르는 소리마저 둥글다

    비 온다
    둥근 빗방울

    쏟아진 콩들은 황급히
    항아리에 담겨
    간장 된장이 되고
    한 집안 내력이 된다

싱거우면 소금과 섞여 놀고
너무 짜면 물 한 바가지와
어울려 논다

아이들 죄다 사라진 마을엔
콩 타작 소리만 남아
둥글게 둥글게

- 「콩타작」

 이 시는 시인의 일면을 잘 드러내 준다. 각진 삶이지만, 둥글게 살고 싶은 마음이 그것이다. 비스듬한 비탈에서 콩을 터는데 그만 콩들이 달아난다. 그 급박한 시각에도 시인은 둥근 것들에 눈길을 준다. 둥근 콩, 둥근 지구, 둥근 빗방울, 둥근 항아리 등 둥근 마음으로 보면 모든 것이 둥글다. 그렇게 둥글게 살아가는 모든 것들이 부족함을 메워준다.
 구르는 콩은 시인의 자화상처럼 읽힌다. 한恨과 눈물로 점철될 만한 생활이었으나 그녀는 울지 않았다. 눈물은 차라리 보람과 즐거움으로, 한은 시로 승화시키는 억척스러운 농부 시인이 되고 싶었다. 시부모를 봉양하면서 서른 마지기의 벼농사와 16동의 수박하우스, 하다가 이제는 양파, 마늘 농사에 봉사활동 등 몸을 아끼지 않은 한편, 한 시간이 걸리는 합천 읍내 문학 모임에 나와 글을 쓰고 강의를 들으며 인생 이모작을 성공적으로 경영하고 있다.

    간절히 기도 하였으나
    무심하게 또 오셨습니까
    10월 들어 초순에 오시고
    13일도 22일 더 많이 오신다는 소문
    계획은 무산되고 울화통 터지는 밤

    가을 논은 말라야 하는데
    나락은 햇살과 놀아야 하고
    뽀송뽀송한 가문家門에 마늘 양파
    시집가야 합니다

    참아주소서
    내년 봄 가뭄에 단비로 옵소서

    -「떡비」

이 작품도 그런 일면이 잘 드러난다. 가을비를 떡비라고 한다. 세상 쓸모없는 비가 이 비 아니던가. 한 해 농사 잘 지어놨는데 떡비 오면 말짱 도루묵 되고 만다. 봄에 오는 비는 단비인데 이즈음에 오는 비는 지천꾸러기다.

그러나 그런 비일망정 하늘에서 오는 비가 아닌가. 그러므로 '오지 말라'로 볼멘 지청구 하기보다 '그만 오소서' 하고 경어체로 노래한다. 그만큼 농부로서 시인으로서 지상에 존재하는 모든 것에 대해 존중과 경외의 의미로 전달하고 싶어한다.

다가온 현실을 둥글게 인식한다는 것은 그리 쉬운 일이 아니다. 별거 아닌 일에도 화를 내고 남에게 상처 주는 사람이 있는데 하물며 고통스러운 나날의 연속이었음에도 세상을 둥글게 보려는 마음은 얼마나 가상한가.

원을 그리듯 둥글게 살아가고자 하는 마음은 아름다운 심성의 발로이다. 시인이 닿고자 한 둥근 세계는 앞에서 말했듯 고통 극복을 위한 삶의 반영이다. 동양에서 원은 하늘, 조화, 완성을 의미한다. 특히 사상의 관점에서 보면 순환과 무한의 상징이 아니겠는가. 마찬가지로 농민은 농사로 도에 이른다. 그런 경지에 이르렀다면 그녀의 삶은 상당한 성공을 거두었다고 해도 될 것이다.

3. 노동의 신성함을 노래하다

장마 끝나고 여름도 저만치 가고 있는데
요양원에 드러누운 경운기 한 대

하늘엔 비행기 떠가고

들판엔 젊은 트렉터만 굴러다닌다

나도 한땐 청춘이었다
밭고랑 사이로 옥수수며 고구마며
굵은 힘줄로 한 식구 살려냈건만

남길 유언도 없고
울어줄 한 사람도 없어
시한부로 녹슬어가는 뼈마디가 아리다

추수할 가을이 다가오는데
간병인 발길은 멀어만 가고

- 「요양원 경운기」

 은유가 돋보인다. 할 말을 줄이고 행간을 늘이면서 구체성을 획득한다. 이런 방식은 이 시집 곳곳에 숨어 있다. 시의 편차는 심하지만, 가작들은 심심찮게 보인다. 그래서 고개가 끄덕여지고 쉽게 페이지가 넘어간다. 요즘 젊은 시인들은 공허하고 어려운 시어들을 나열하는, 산문 집착성에 얽매여 있다. 그러나 시의 장점은 누가 뭐래도 간결함과 명징성이다. 철학적 사유가 동반되지 않은 난해성은 한계를 극복하지 못한 운동선수의 처연함으로 느껴진다.

그런데 이 시는 그런 공허함에서 벗어나 있다. 체험을 시로 옮겨놓았기 때문이다. 젊은이는 없고, 노인뿐이다. 그런 시골살이기에 임종을 앞둔 모든 것이 예사롭게 보이지 않는다. 이제 생을 다한 경운기 한 대를 바라본다. 헛간에 놓인 경운기를 측은히 보는 사람은 시인이 유일하다. 버려진 헛간은 흡사 요양원과 같다. 젊은 트렉터는 들판을 굴러다니는데 한 생애가 끝난 경운기는 이승과의 작별을 앞두고 있다.

생을 다한 경운기는 곧 이 마을 노인들의 모습과 진배없다. 청춘의 시절엔 '굵은 힘줄'로 한 식구 건사하고 공부시켰으나, 지금 자식들은 죄다 도시로 나가 살고 있으니 언제 유언하고, 영정사진 찍고, 급작스레 찾아 올 임종을 지킬 것인가. 늙은 경운기만 적막한 마을은 결코 농기계의 일만이 아니다. 그런 담담함으로 시를 적는다.

    유별나게 덥고 긴 올여름
    부른 배 안고 조심조심
    논두렁 타고 다니는 베트남 새댁

    저출산 지방 소멸 위기
    첫아기만 낳아도 1억 준다는 지역
    아파트 분양 대출 우선순위
    육아 휴직 3년으로 늘린다고 국회통과

온종일 땡볕이고
부른 배 안고 서 있는 나락
9월에 태풍 온다는 소문에
팔다리 강화 운동한다

새일미 밥맛 좋고 올되고
농민들 선호하는 종자
생산량 많다고 수매엔 탈락
휴경 논 우대 장려한단다
머지않아 1억 준다고 벼알
한 바가지 낳아 달라고
정책 세울 것이다

- 「팔월의 임산부」

이런 시는 직접 농사짓지 않는 사람은 쓸 수 없다. 그래서 농민 시인이 필요하다. 시인은 그들의 대변인이다. 새일미는 현재 농사에 적합한 품종인가 보다. 농민이 선호하고 많이 짓다 보니 수매를 안 해준다. 어디 벼농사뿐이겠는가. 사람 농사도 똑같다. 저출산 지역엔 아이를 낳으면 여러 혜택을 준다는데, 불과 몇십 년 전엔 아이 낳으면 거지꼴 못 면한다고 말하지 않았는가.

밀레는 깃발 들고 외치지 않고 농부들의 사실적인 모습을 통해 노동의 신성한 의미를 그려내었다. 평범함 속에서 농민들을 위로하는 작품은 감상자를 조용히 끌어들인다. 윤경선 시의 미덕도 이와 유사하다. 멀쩡한 양파 갈아엎고 머리띠 동여매고 경운기 타고 광화문 올라가듯 외치는 시도 많다. 어찌 울분이야 없겠냐 만은 흥분한 토로보다는 이렇게 조용히 비유를 통해 간접적으로 웅변해 준다.

베트남에서 시집온 새댁의 귀한 임신과 씨알 고른 새일미 볏단을 평행에 놓고 조곤조곤 이야기를 펼쳐놓는다. 이는 시인의 심성을 그대로 보여주는 예라 하겠다. '낳아란 말보다 수매가 우선'이듯 행정가나 환경론자들은 농민의 소리에 먼저 귀 기울여야 한다. 외치는 이들의 반대편에서 조용히 글로써 전하는 시인의 내면이 더 뜨겁다.

계남 초등학교 교정엔
청계산 정기 가득한데
벼루 붓 화선지 들고 입학한
나는 여덟 살이다

서예 대가이신 직암 선생님
획 하나 스치고 지나간 힘의 강약
이어질 듯 끊어지는 행서의 붓 길
신비롭고 황홀한 붓의 춤 사위
화선지에 내려앉는다

그 길 따라 흐르는 묵향
매년 전국 대전에서
대상 금상 받아
단봉 서실 빛낸 선배님

호미 삽 잡은 손 붓끝에 떨고
해서체로 써보는 내 이름 석자
배움의 갈증 묵향에 풀어본다

- 「묵향 흐르는 폐교」

 이 시를 읽으면 문해교실 할머니들의 시가 생각난다. 글을 읽지 못한 노인들이 한자 한자 깨우치며 쓴 시는 참 감동적이다. 글을 읽고 쓰지 못하면 생의 절반 밖에 살지 못한 것이다. 그러므로 새롭게 세상과 조우하는 노인들의 하루하루는 늘 깨달음으로 가득 차 있다.
 바쁜 농사일에도 불구하고 시골 폐교를 리모델링한 서예 교실을 찾아가는 하루가 얼마나 보람된 일인가. 가방엔 '벼루 붓 화선지'가 담겨 있다. 문방사우 들고 학교 가는 길은 흡사 초등학교 1학년이 교과서와 공책, 크레용 들고 가는 모습과 같다. 서예 선생님인 '작암 선생'은 붓만 들면 명필인데 배우는 이는 영 글이 시원찮다. 하지만 여덟 살 아이처럼 첫걸음인 걸 어쩔 것인가. 시인은 자신의 삶을 가감 없이 보여준다. 부끄러움도 가식 없이 드러내고 힘든 나날은 힘든 대로 꾸미지 않고 보여준다. 진실은 곧 진정성으로 통한다. 잘 만든 시보다 거짓 없는 시가 더 끌린다. 이것이 바로 윤경선 시의 매력이다.

4. 여유와 유머, 해학으로 펼친 시들

용문사 염불소리
귀고리에 매달고 산을 오른다

얽히고설킨 칡넝쿨
못 가겠다 못 가겠다 더는 못 가겠다

얽어맨 인연 발길 비집고
한발 한발 또 한발
정상에 오른다

묵묵히 지켜보던 부처님 닮은 큰 바위
이제 그만 내려가
108배도 마쳤으니 이제 그만 가라고

하산길 돌 틈새 저만치 핀 구절초
여기가 환한 대웅전

가벼운 걸음으로
　　일주문一柱門을 나선다

　－「악견산 구절초」

　　인용한 시는 상당한 가작에 속한다. 기승전결의 논리적 구조가 완성형이고, 미학적 장치도 상당한 수준임을 보여준다. 농부 시인으로서 너무 깊이 일상에 매몰되다 보면 객관적 시각을 잃어버릴 수도 있다. 그런 우려는 누구랄 것 없이 시인이라면 의당 경계해야 할 부분이다.
　　그러나 이 시는 다르다. 오랜만에 일상을 벗어나 악견산 오른다. 용문사 염불 소리도 들린다. 귀에 어른 거리는 염불 소리를 '귀고리에 매달고 산을 오른다'라고 한 행부터가 감각적이다. '얽히고설킨 칡넝쿨'은 다음 연에 나오는 '얽어맨 인연 발길'과 대칭을 이룬다. 늘 붙잡는 인연 떨치고 산에 왔는데 이곳에서도 칡넝쿨이 발길을 잡는다. 다시 말해서 어디에나 연의 고리에서 해방되기는 쉽지 않다는 뜻이다.
　　그렇게 한발 한발 딛고 나아가 정상에 닿으니 '부처님 닮은 큰 바위'는 애썼다고, '이제 그만 내려가/108배도 마쳤으니 이제 그만 가라'고 말씀하신다. 엉금엉금 네 발로 기어오르는 모습을 지켜보고 계셨던 거다. 그런 모습이 흡사 108배 하는 모습으로 보였나 보다. 그렇게 지극

정성으로 올랐으니 이제 훌훌 털고 내려가라신다. 하산 길에 서 본 산이 큰 도량처럼 보였고, 구절초 핀 돌 틈이 대웅전으로 보인다. 시인의 시각이 한결 여유롭지 않은가. 이런 장점은 바로 일상과의 일정한 거리를 두면서 주변 사물을 객관적으로 바라보고자 했기 때문이다.

    코로나 팬데믹으로 사상 최초
    도쿄올림픽은 연기되고

    탐욕과 지배를 허물고 개최되는
    청덕면 성태 논두렁 올림픽

    6월3일 마늘 묶어 세우기
    6월13일 양파 업고 백 미터 달리기
    5월7일 마늘 쫑빼기 예선전에서
    선출된 선수 대기중

    한국 한 젊은이 끈기 부족으로 기권
    필리핀 선수 무릎 부상으로 결장

    드디어 본선 선수 입장
    중국34세 남 모옌.우레이. 두모찡
    캄보디아31세 여 뺄완나니락
    우즈배키스탄 24세 여 크리스티나

러시아 25세 남 드미트리 알렉세이
배트남28세 여 누엔티티. 누엔티론
한국 75세 안화조 80세 이달분

조바심에 눈썹 치켜 새워
빨리 빨리 뛰어 소리 지르는 김명수 감독
윤 코치 생수 나르고 등 토닥이며 힘 보탠다
앞서거니 뒤서거니 치열한 경기
막걸리 한 사발에 국제 전화 한 통

금메달 보인다
80세 안화조 나 아직 안 죽었다 고
젖 먹는 힘 다해 결승전 통과

벌떡 일어나 응원하는 개망초
민들레. 쑥부쟁이. 쇠비름.바래기풀
파이팅 파이팅 외치는 소리
논두렁이 들썩 거린다

- 「논두렁 올림픽」

 앞의 시 「악견산 구절초」가 시인과 사물의 객관적 거리두기에 충실한 시라면 이 시 「논두렁 올림픽」은 해학과 유머로 진일보시킨 시라고 말할 수 있다. 우선 첫 행에서 사실성을 강조한다. '코로나 팬데믹으로 사상 최초/도쿄올림픽은 연기'된다. 우리 시대의 사람으로서 처음 겪는 팬데믹 사태는 시간을 정지시키는 낯선 광경을 연출한다. 급기야 세계인의 체전인 올림픽마저 연기된다. 하지만 그런 상황 속에서도 농사는 계속되어야 한다. 요즘 영농엔 외국인의 조력이 필수다. 이곳 청덕면 성태리도 예외가 아니다. 이 작품의 덕목으로는 젊은이 없는 세상을 한탄하기보다 제3세계권 사람들과 힘을 합쳐 살아가는 모양을 유머와 위트로 그려내고 있다는 점이다.

코로나는 인간의 '탐욕과 지배'에서 비롯된 것인데, 이를 허물고 개최되는 '청덕면 성태리 논두렁 올림픽'은 자연과 인간의 조화로운 공존으로 열리는 이상적인 축제인 것이다.

경기가 벌어지는 곳 또한 제한된 구역이 아니라 논 한가운데에서 열린다. 종목도 올림픽 사상 처음 겨루는 '마늘 묶어 세우기, 양파 업고 백 미터 달리기, 마늘 쫑빼기' 등 세 종목이다. 남녀노소 구별이 있을 수 없다. 이어서 각 나라에서 선발된 선수들이 입장한다. 안타까운 것은 80세 할머니가 생생히 결승선을 통과한 데 비해 '한국 한 젊은이 끈기 부족으로 기권'한 것이다. 젊은이들이 농촌 일에 적응하지 못한 현실을 잘 나타내 준다. 마지막으로 '민들레 쑥부쟁이, 쇠비름, 개망초, 바래기풀' 등 풀꽃들이 앞서거니 뒤서거니 한 선수들을 위해 파이팅을 외

쳐주는 장면이 압권이다.

고된 논농사 일을 이렇게 위트와 해학으로 치환시킨 작품은 흔치 않다. 경기 장면인 만큼 빠르게 느리게 적당히 조율하면서 호흡을 고른다. 외형의 결과 내면의 결이 균형을 이루되 유머를 적절히 섞어 넣은 것은 이 시인이 나아가야 할 바람직한 특징처럼 보인다. 이런 과정을 통해 힘든 노동을 유쾌하게 그려낸 장면은 시적 성취의 한계를 성큼 앞으로 향하게 한다.

5. 시의 과녁을 향해

밤새워 시어들을 신나게 씹었다

도입부로 시작하여
비유 은유 의인법도 놓고
팔딱거리는 활유까지
벌써 창이 밝았다
체중은 얼마나 불었을까

간절함이 무너졌다
제목 작게 의미 주제는
풍성하게 더 얼마나 먹여야
뽀얀 빛깔로 살이 오를까

뜬구름 잡는 비유는 헛배 부르고
진심 없는 은유는 껍데기
의미 없는 주제들 흩어져 길을 잃었고

예리한 눈금은 늘 그 자리

- 「시의 체중계」

　이제 시인은 새로운 개화를 꿈꾼다. 농사일과 함께 모진 세월을 산 어머니를 떠올리며 스스로 채워가고자 하는 모성의 시간, 배움에 대한 갈증과 봉사자로서의 생활을 시적 소재로 삼기도 한다. 그렇게 다양하게 변주시키며 지평을 확장해 가는 일은 본업本業과 함께 또 하나의 시업詩業을 가진 사람으로 살고자 하는 신념의 실천이다. 부족함보다 중요한 것은 노력이다. 그 부단한 노력은 분명 결실로 보답받을 것이다.
　이 시를 읽어보면 시 한 편을 얻기 위해 자신에게 묻고 반성하는 과정이 손에 잡힐 듯 그려진다. 타고난 문창성에 의존하지 않고, 노력하다 보면 답이 있으리란 믿음으로 여기까지 온 것이다. 그러나 늘 시의 체중을 불리는 일이 만만치 않다. 간밤에 얻은 구절은 아침에 다시 보면 찢어버려야 할 만큼 부끄럽다.
　세상에 완성이 있으랴. 윤경선의 시 세계는 이제부터

다. '밤새워 시어들을 신나게 씹었다'는 것은 부단한 노력을 보여준다. 오래 곱씹다 보면 언젠가는 알맞게 소화되어 피와 살이 될 것이다. 노력은 성취에 가깝게 가게 하는 징검돌이다.

이미지를 찾아내고 은유, 의인, 활유 등 비유법과 씨름하는 일은 농사일만큼이나 고된 일이다. 그 즐거운 노동을 선택한 이유는 정신의 허기를 채우고자 하는 욕망 때문이었다.

명품으로 장식한 여자보다는
시집 한 권 가진 여자가 되고싶었고

외제차 몰고 다니는 여자보다는
경운기 타고 오가며
시 줍는 여자가 되고 싶었고

유창하게 영어 잘하는 여자보다는
맛깔스레 시 낭송 잘하는 여자,

몸매 섹시한 여자보다는
헐렁한 바지에 보리밭 콩밭에서도
순풍순풍 시를 낳고

시와 뜨겁게

연애하는 여자이고 싶었다.

- 「시를 낳고 싶다」

시를 알기 전, 윤경선 시인은 결혼 생활과 농사일의 쳇바퀴를 돌았다. 끓어오르는 무엇이 있었으나 딱히 손에 잡히는 것은 없었다. 그런 작은 삶의 공간 속에서 행복을 찾는 것이 전부였다. 그런데 어느 순간, 주위를 돌아보니 나는 누구인지, 무엇을 위해 살고 있는지를 묻게 되었다. 깨달음을 얻기 전, 물음은 거대한 파장이 되어 다가왔다. 그 골똘한 사로잡힘은 두려움이었으며 돌파구를 향한 돌진만큼이나 강렬했다.

뒤집어 봐도 뫼비우스 띠처럼 크게 다르지 않았다. 그때 시를 만난 것이다. 잘하고 못함이 아니라 전진이냐 멈춤이냐를 결정해야 했다. 전진은 곧 구원이란 생각이 들었다. 그래서 더욱 간절해졌다. 현재의 나로 생애를 결정지을 것인가, 또 다른 나로 환골탈태할 것인가. 물론 쉽지 않았다. 지금의 나를 부정한다는 것은 큰 용기가 필요했기 때문이다.

하지만 분명한 것은 '명품으로 장식한 여자보다는/시집 한 권 가진 여자가 되고 싶었다'는 자기 확신이 오늘의 그녀를 있게 했다. 이제 시집 한 권을 가진 여자가 되었다. 들판에서도 경운기에 앉아서도 '시 줍는 여자'로, '

시 낳는 여자'로, '시와 연애하는 여자'로 살고 싶은 꿈을 이루었다.

이제 가야 할 곳은 명확해졌다. 시위를 떠난 화살은 과녁을 향해 간다. 그러나 시의 과녁은 누가 만들어주는 것이 아니라 자신이 만들어가는 것이다. 내 안에 있는 재능은 내가 가꿔가야 한다. 욕망과 믿음을 전제한다면 그 또한 상당한 진전 있으리라 생각된다. 지금까지는 좋은 며느리, 좋은 아내, 좋은 어머니로 감동을 주었다면 이제부터는 좋은 시, 좋은 시인으로 감동을 주어야 한다. 지금까지 지녀온 순정純情한 시심을 잘 가꿔간다면 분명 원하는 결실을 이룰 것이다.

그렇다. 심상사성心想事成, 간절히 소망하면 이루어진다. 간절함이 열정과 재능을 이긴다고 하지 않던가. 배부른 돼지가 될 것인가, 배고픈 소크라테스가 될 것인가는 우리의 영원한 명제이다. 정신의 충만을 향해 한 걸음 한 걸음 나아가는 시인이 되고, 이름 하나로 오래 기억되는 시인이 되기를 기원한다.

윤경선 시인의 두 번째 시집을 기다린다.